Common Types of Work for a U.S. Police Officer:
In English & Spanish

Wayne L. Davis, Ph.D.
&
Mahdia Ben-Salem, Ph.D.

Tipos comunes de trabajo para un oficial de policía de los Estados Unidos: En inglés y español

Copyright © 2019 by Wayne Davis.

| ISBN: | Softcover | 978-1-7960-2716-7 |
| | eBook | 978-1-7960-2715-0 |

All rights reserved. No part of this book may be reproduced or transmitted in any form or by any means, electronic or mechanical, including photocopying, recording, or by any information storage and retrieval system, without permission in writing from the copyright owner.

Any people depicted in stock imagery provided by Getty Images are models, and such images are being used for illustrative purposes only.
Certain stock imagery © Getty Images.

Print information available on the last page.

Rev. date: 04/11/2019

To order additional copies of this book, contact:
Xlibris
1-888-795-4274
www.Xlibris.com
Orders@Xlibris.com
738564

Illustrators, ilustradores:

Christian Connolly

Derrick Freeman

Ariana Greer

Dawn Larder

Brandon Lutterman

Table of Contents, Tabla de contenidos

Preface, **Prefacio** vi

Declaration of Independence, **La declaración de la Indépendancia de los Estados Unidos** 2

U.S. and State Constitutions, **La constitución de los Estados Unidos de America y la Constitución de los Estados** 4

U.S. Constitution, **La constitución de los Estados Unidos** 6

Academy and Continual Training, **La Academia y la formación continua** 8

City Police Officer, **El oficial de policía de la ciudad** 10

Sheriff, **El alguacil** 12

Corrections Officer, **La oficial de la policía correctional** 14

Bailiff, **El alguacil** 16

State Trooper, **El policía estatal** 18

Conservation Officers, **Los agentes de la protección de la fauna y de la vida Silvestre** 20

Patrol Officers, **Los oficiales de la patrulla** 22

Traffic Direction Cops, **Los policías encargados de la dirección del tráfico automóvil** 24

Motorcycle Cops, **La policía motociclista** 26

Mounted Police, **La policía montada** 28

Police Aviation – Helicopters, **La policía aérea- Los helicópteros** 30

Police Aviation – Airplanes, **La policía aérea- Los Aviones** ………………………………………………….. 32

Bicycle Patrol, **La patrulla a bicicleta** ………………….. 34

Maritime Police, **La policía marítima** ………………….. 36

Canine Officer, **El oficial canino** ……………………….. 38

Evidence Officer, **El agente de pruebas** ……………….…... 40

Scuba Divers, **La policía buceadora** …………………… 42

Snowmobile Officers, **Los agentes en motonieves** …………. 44

School Resources Officers, **Los oficiales de los recursos escolares** ……………………………………………............... 46

Public Information Officers, **Los funcionarios de la información pública** ………………………………….48

SWAT Officers, **Los oficiales del cuerpo especial de intervención de la policía llamado equipo SWAT**.... 50

Bomb Squad Officer, **El oficial del equipo de bombardeo** ... 52

Defensive Tactics Instructor, **Instructor de tácticas defensivas** 54

Crash investigations, **Las investigaciones de choques** 56

Crash Reconstructionnist, **El agente de policía encargado de la reconstrucción de los choques** 58

Report Writing, **Escritura de informes** 60

Latent Fingerprints. **Las huellas digitales latentes** 62

Rolling Fingerprints, **La toma de huellas digitales** 64

Interrogation, **El Interrogatorio** 66

DNA (deoxyribonucleic acid) Analysis, **Analisis del AND** 68

Search Crime Scenes, **Las búsquedas en las escenas del crímen** 70

School Presentations, **Las presentaciones en las escuelas** ... 72

Public Services, **Los servicios públicos** 74

Fire Control, **Los agentes de la seguridad pública** ……….. 76

First Aid & CPR, **Los primeros auxilios y la reanimación cardiopulmonary** ……………………..... 78

Police Officers are Compatriots, **Los agentes de la policía son compatriotas** …………………….. 80

Authors, **autores** 82

Preface

This book is designed for young readers. This book may be helpful to students who are learning multiple languages. This book presents information about U.S. local law enforcement work in English and Spanish, which allow the students to make quick comparisons between the languages.

Prefacio

Este libro está destinado a los jóvenes lectores. Este libro puede ser útil para los estudiantes que están aprendiendo varios idiomas. Este libro presenta información acerca de la labor de aplicación de la ley local de los EE.UU. en dos idiomas (inglés, y español), que permiten a los alumnos realizar rápidas comparaciones entre los idiomas.

Declaration of Independence

According to the Declaration of Independence, the U.S. government derives its power from the people that it governs. Because there are more than 400 residents for every full-time police officer, social peace requires that people voluntarily comply with the law and assist with law enforcement efforts. Residents are stakeholders in maintaining a peaceful society and they must take an active part in promoting pro-social behaviors.

La declaración de la independencia de los EE.UU

Según la declaración de la independencia, el gobierno de los EE.UU. obtiene su energía de los individuos que gobierna. Porque hay más de 400 residentes por cada oficial de policía de tiempo completo, la paz social requiere que las personas cumplen voluntariamente con la ley y ayuden con los esfuerzos de aplicación de la ley. Los residentes interesados en el mantenimiento de una sociedad pacífica y deben tomar parte activa en la promoción de comportamientos pro-sociales.

U.S. and State Constitutions

The U.S. Constitution is the supreme law in America involving federal law. Until the U.S. Supreme Court makes a ruling, federal laws may be different in different federal jurisdictions. Each state also has its own state constitution. A state constitution is the supreme law within a state involving state law. Different states have different laws.

Los Estados Unidos y la Constitución de los Estados Unidos

La Constitución de los Estados Unidos es la ley suprema de los Estados Unidos con la ley federal. Hasta el Tribunal Supremo de los Estados Unidos emite un fallo, las leyes federales pueden ser diferentes en diferentes jurisdicciones federales. Cada estado tiene su propia constitución estatal. La Constitución es la ley suprema del Estado dentro de un estado de derecho. Diferentes estados tienen leyes diferentes.

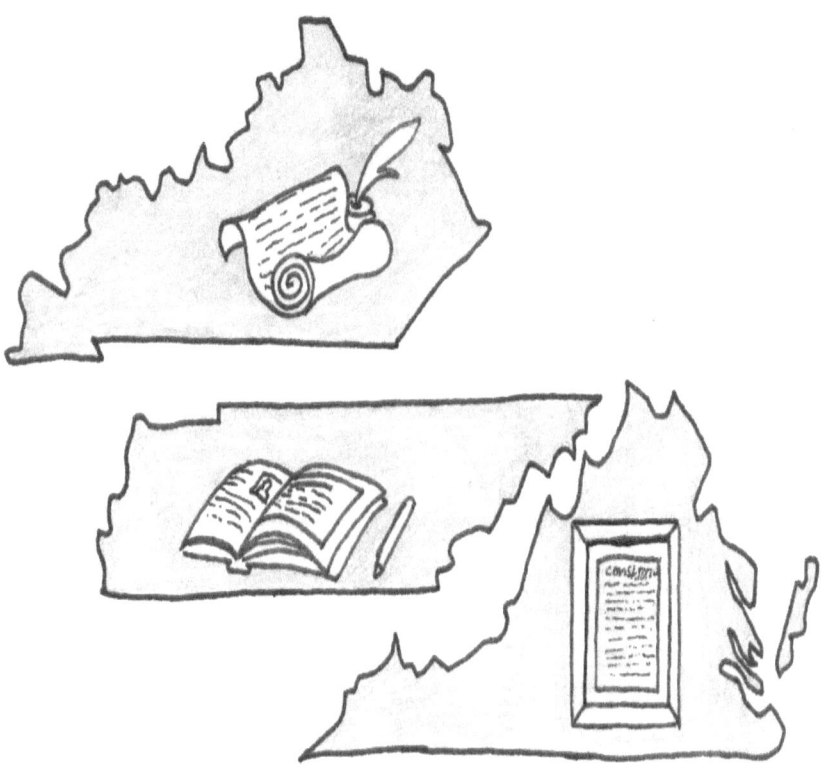

U.S. Constitution

The U.S. Constitution requires that police follow the law. The U.S. Constitution protects people's privacy. However, the U.S. Constitution only provides civilians with minimum protection. The states may provide civilians with more protection against the government.

La constitución de los Estados Unidos

La constitución de los Estados Unidos requiere que la policía siga la ley. La Constitución de los Estados Unidos protege la privacidad de las personas. Sin embargo, la Constitución de los Estados Unidos sólo proporciona a los civiles con un mínimo de protección. Los Estados pueden proporcionar a los civiles con más protección contra el gobierno.

Academy and Continual Training

Police cadets must attend and pass a law enforcement academy before they can become police officers. Police cadets study law, they train to help and protect people, and they learn to drive a police car under stressful conditions. Even after graduating from the police academy, police officers must continually train.

La academia y la formación continua

Los cadetes de la policía debe asistir y aprobar una ley en la academia de aplicación antes de que puedan ser agentes de policía. Los cadetes de la policía deben estudiar derecho, se entrenan para ayudar y proteger a las personas, y aprenden a conducir un coche de policía bajo condiciones estresantes. Incluso después de graduarse de la academia de policía, los funcionarios de policía deben entrenarse continuamente.

City Police Officer

Here is a city police officer.
He is wearing a police uniform and a peaked cap.
He is wearing a badge on his uniform.
See the whistle chain leading to his right shirt pocket.

El Oficial de la Policía Municipal

Aquí está un oficial de la policía municipal.

Él está usando un uniforme de policía y un sombrero de campaña.

Él está usando una insignia en su uniforme.

Lleva un silbato a cadena que lleva en el bolsillo derecho de su camisa.

Sheriff

Although the authority of a sheriff varies from jurisdiction to jurisdiction, the sheriff is an elected county official who is the chief law enforcement officer in any given county. A sheriff department oversees the county jail, provides security for courtrooms and judges, and delivers civil papers, such as jury summons and subpoenas.

El alguacil

Aunque la autoridad de un sheriff varía de una jurisdicción a otra, el sheriff es un funcionario electo del condado, es el principal oficial de cumplimiento de la ley en cualquier condado. El departamento del sheriff supervisa la cárcel del condado, brinda seguridad a los tribunales y jueces, y entrega documentos civiles, como citaciones y citaciones a jurados.

Corrections Officer

Here is a county corrections officer.
She works for the sheriff department.
The sheriff, an elected official, runs the county jail.
She works inside the jail and watches inmates.

Una oficial de la policía correccional

Aquí está un oficial de la policía correccional del condado oficial.

Ella trabaja para el departamento del sheriff.

El sheriff, un funcionario electo es responsable de la cárcel del condado.

Ella trabaja en el interior de la cárcel y vigila a los detenidos.

Bailiff

A bailiff is a peace officer who provides court security. The bailiff ensures the safety of trial participants, provides assistance to judges, handles court documents, and enforces courtroom rules of behavior. The bailiff also announces the judge's entrance into the courtroom and provides jury escort outside of the courtroom to prevent jury contact with the public.

El Alguacil

El alguacil es un oficial de policía que brinda la seguridad de la corte. Este administrador garantiza la seguridad de los participantes, proporciona asistencia a los jueces, trata de los documentos de la corte y aplica reglas de conducta en el tribunal. El alguacil también anuncia la entrada del juez en la sala de audiencias y proporciona el acompañamiento de los jurados fuera de la sala del tribunal para evitar el contacto entre jurado y público.

State Trooper

Here is a state trooper.

He is wearing a campaign hat.

He has a police radio microphone on his left shoulder.

El Trooper del estado

Aquí está un trooper del estado.

Él está usando un sombrero de campaña.

Él tiene un micrófono de radio de la policía sobre su hombro izquierdo.

Conservation Officers

A conservation officer is sometimes called a game warden. A conservation officer is a police officer who protects wildlife and the environment. They protect game, catch poachers, and protect streams from being polluted. They also make sure that people enjoy the wilderness in a safe manner.

Los agentes de la protección de la fauna y de la vida silvestre

Un funcionario de conservación se denomina a veces un guardabosque. Un funcionario de conservación es un oficial de policía que protege la vida silvestre y el medio ambiente. Ellos protegen a juego, atrapar a los cazadores furtivos, y proteger de arroyos contaminados. También asegúrese de que la gente disfruta de la naturaleza salvaje de una manera segura.

Patrol Officers

Some police officers ride around in police cars. The officers keep an eye out for crime and traffic violations. Officers listen to many different radios, including the high frequency police radio, the low frequency police radio, and the CB radio. The dispatcher at the post will use a police radio, computer, or phone to inform the officer of a work detail and where to go. A work detail may include diffusing a volatile situation, interviewing a witness, protecting a hazardous scene, or recovering found items.

Los oficiales de la patrulla

Algunos manejan en vehículos policiales. Los funcionarios mantienen un ojo hacia la delincuencia y las infracciones del tráfico automóvil. Los oficiales escuchan muchas radios diferentes, incluyendo la radio de alta frecuencia de la policía, de baja frecuencia, y la radio CB. El despachador a su puesto de trabajo usará una radio de la policía, una computadora o un teléfono para informar a su colega de un detalle de trabajo que hacer, informarle donde ir. Un trabajo de detalle puede incluir difundir una situación volátil, entrevistar a testigos, proteger a la gente en contra de una escena peligrosa o recuperar unos elementos perdidos.

Traffic Direction Cops

Some police officers stand on busy street corners and direct traffic. The officers may use whistles, flashlights, and reflective traffic sticks to control the movement of cars. After the traffic in a particular direction has been stopped, the officers will allow people to safely walk across the street. These police officers work in rain, sleet, snow, and extreme heat.

Los policías encargados de la dirección del tráfico automóvil

Algunos policías están de pie en las esquinas de calles muy ocupadas y dirigen el tráfico. Los oficiales pueden usar silbidos, linternas, y palos de tráfico reflexivos para controlar el movimiento de coches. Después de que el tráfico en una dirección particular ha sido parado, el oficial permitirá que la gente ande sin peligro a través de la calle. Estos policías trabajan en la lluvia, el aguanieve, la nieve, y el calor extremo.

Motorcycle Cops

Some police officers ride motorcycles. Motorcycles are more maneuverable than police cars, which may be advantageous on crowded streets. A motorcycle's relatively small size allows it to get to a crash scene more quickly than a police car when traffic is congested. Because motorcycles are smaller and lighter than cars, they are more fuel and cost efficient. Officers who ride motorcycles focus on traffic violations. They stop cars for going too fast, following too close, and disregarding traffic signals. The officers may write these drivers tickets.

Los policías en motocicleta

Algunos policías montan a motocicletas. Las motocicletas son más manejables que los coches patrulleros, lo que puede ser ventajoso en calles llenas de gente. El relativamente pequeño tamaño de una motocicleta le permite llegar a una escena de accidente más rápidamente que un coche patrullero cuándo el tráfico está congestionado. Como las motocicletas son más pequeñas y ligeras que los coches, su costo en gasolina es muy económico. Los oficiales se enfocan sobre las violaciones del tráfico automóvil. Los oficiales paran también los coches que van demasiado rápido, que son demasiado cerca de otros coches, o que no se paran a los semáforos. Los oficiales pueden dar multas a estos imprudentes choferes que no hacen caso de la ley.

Mounted Police

In some areas, police officers ride horses. In some jurisdictions, horses are considered vehicles. Police officers who ride horses are called mounted police. Horses can carry police officers where cars and motorcycles cannot go, such as in parks and in rough terrain areas. This may be essential for search and rescue efforts. Horses give police officers added height and visibility. The weight of a horse allows police officers to disperse unruly crowds.

La policía montada

En algunas zonas, los policías montan a caballo. En algunas jurisdicciones, los caballos se consideran como vehículos. Los policías que montan caballos se llaman la policía montada. Los caballos pueden llevar a los policías donde los coches y las motocicletas no pueden ir, como en los parques y en las áreas de terreno accidentado. Esto puede ser esencial para las actividades de búsqueda y rescate. Los caballos policías añaden altura y visibilidad al policía. El peso de un caballo permite que los agentes de la policía puedan dispersar a la gente en caso de desórdenes.

Police Aviation - Helicopters

Some police officers fly in helicopters. A helicopter has wings that rotate. Helicopters can hover and they can land in tight spaces. Police officers in helicopters watch for traffic jams and crashes on busy roadways. Helicopters have infrared, which allows the officers to see objects in the dark.

La policía de aviación – Los helicópteros

Algunos oficiales de la policía de aviación policial vuelan en helicópteros. Un helicóptero tiene alas que giran. Los helicópteros pueden flotar y ellos pueden aterrizar en espacios reducidos. Los oficiales de policía en helicópteros sorvejan para atascos de tráfico y accidentes en la concurrida carretera. Los helicópteros tienen infrarrojos, lo que permite a los agentes ver objetos en la oscuridad.

Police Aviation – Airplanes

Some police officers fly in airplanes. An airplane has fixed wings that do not rotate. Compared to helicopters, airplanes can travel faster, farther, higher, and can be operated at a much lower cost. An airplane can be used to clock a vehicle's speed on the roadway by seeing how long it takes for the car to travel between two fixed points (speed = distance / time).

La policía de aviación - Los aviones

Algunos policías, vuelan en aviones. Un avión tiene alas fijas que no giran. En comparación con los helicópteros, los aviones pueden viajar más rápido, más lejos, y más alto. Se pueden operar esos aviones a un costo mucho menor. Un avión puede ser utilizado para conocer la velocidad de un vehículo en la carretera al calcular cuánto tarda el coche en viajar entre dos puntos fijos (velocidad = Distancia / tiempo).

Bicycle Patrol

Some police officers ride on bicycles. Bike officers can travel faster and farther than foot patrol officers, they are able to patrol areas unreachable by car, they have a stealth advantage because they are silent, and they are cost effective. Bike patrol is very effective during special events, such as parades. Bicycles allow officers to better interact with the public, which is important for developing relationships. Police-community relationships are essential because community members have important knowledge that is essential for finding solutions to local problems.

La patrulla a bicicleta

Algunos policías montan a bicicletas. Los oficiales de moto pueden viajar más rápido y más lejos que la patrulla que va a pie .Ellos son capaces de patrullar áreas inalcanzables en coche, tienen una ventaja de cautela porque ellos son silenciosos, y utilizer este servicio es rentable. La Patrulla de moto es muy eficaz durante los acontecimientos especiales, como los desfiles. Las bicicletas permiten que los oficiales se relacionen mejor con el público, lo que es importante para desarrollar buenas relaciones con la comunidad porque son los miembros de esta comunidad que tienen el conocimiento importante, esencial para encontrar soluciones con problemas locales.

Maritime Police

Maritime police officers patrol in watercraft. Their patrol areas may be coastal canals, rivers, lakes, harbors, and/or sea waters. They can reach locations not easily accessible by land. Maritime police officers promote the safety of water users by enforcing laws related to water traffic. Maritime police guard things on the dock, protect maritime animals, and prevent smuggling.

La policía marítima

Los policías marítimos patrullan en el arte de echar agua. Sus áreas de patrulla pueden ser canales costeros, ríos, lagos, puertos, y/o aguas marítimas. Ellos pueden alcanzar posiciones que no son fácilmente accesibles por la tierra. Los policías marítimos promueven la seguridad de usuarios de echar agua haciendo cumplir leyes relacionadas al tráfico marítimo. La policía marítima guarda unas cosas en el muelle, proteja los animales marítimos, y previene el contrabando.

Canine Officer

Canine (K-9) officers go to a special school and learn how to work with dogs. Canines (dogs) have a much better sense of smell than do humans. Officers use their dogs to search for drugs, accelerants, explosives, cadavers, evidence, and missing people. Police officers and their dogs become very close and they work together as a team. The police dog is considered a police officer.

El oficial canino

El oficial canino(el k-9 oficial) va a una escuela de educación especial y aprende a trabajar con perros. Los perros tienen mucho más sentido común del olor que la gente en general, por eso, los oficiales usan sus perros para buscar medicinas o drogas, aceleradores, explosivos, cadáveres, pruebas, y desaparecidos. Los policías y sus perros se hacen muy cercanos y trabajan juntos como en un equipo. Se considera al perro de policía como a un policía.

Evidence Officer

The evidence officer is responsible for the intake, storage, and disposal of all property collected by the department. The officer ensures that evidence is secure from theft, loss, and contamination. The officer transports property to the crime lab, maintains chain of custody reports, notifies property owners when they can get their property back, and coordinates the court-ordered disposal of contraband.

El oficial de pruebas

El oficial de pruebas es responsable de carga, almacenamiento, y disposición de propiedades recogidas por el departamento. El oficial asegura que las pruebas son seguras de robo, pérdida, y contaminación. El oficial transporta la propiedad al laboratorio, mantiene la cadena de los informes de custodia, notifica a los dueños de propiedad cuando pueden recuperar sus bienes, y coordina la disposición del contrabando pedida por tribunal.

Scuba Divers

Some police officer are scuba divers. They are specially trained in underwater rescue, underwater recovery, and underwater investigation. Scuba divers carry their own source of air on their back, which allows them to breathe underwater. Police divers might need to dive in murky, dark, cold water with strong currents and parasites. Scuba divers must be able to swim.

Los buceadores de la policía

Algunos oficiales de la policía son buceadores. Están especialmente entrenados en el rescate bajo el agua, la recuperación e investigación bajo el agua. Los buzos llevan su propia fuente de aire en su espalda, lo que les permite respirar bajo el agua. Los buceadores de la policía tienen que sumergirse en el agua turbia, oscura, fría con corrientes fuertes y parásitos. Los buceadores deben ser capaz de nadar.

Snowmobile Officers

Snowmobiles allow police officers to respond to emergencies in snow storms. During blizzards, cars may get stuck on the roadway. The snow becomes too deep and the roadway becomes very slippery. Snowmobiles allow police officers to travel along impassable roadways in order to aid stranded motorists. Snowmobiles also allow police officers to travel off road and onto ice-covered lakes.

Las motos de nieve

Las motos de nieve permiten a los agentes de policía para responder a las emergencias en las tormentas de nieve. Durante tormentas de nieve, los coches pueden atascarse en la calzada. La nieve llega a ser demasiado profunda y la calzada se vuelve muy resbaladiza. Las motos de nieve permiten a los agentes de policía viajar a lo largo de las carreteras intransitables con el fin de ayudar a los automovilistas varados. Las motonieves también permiten a los agentes de policía viajar fuera de la carretera y en lagos cubiertos de hielo.

School Resource Officers

Some police departments assign police officers to work within public schools. These police officers are called school resource officers. School resource officers are responsible for providing security and crime prevention services within the educational environment. The school resource officer has three main responsibilities: teacher, counselor, and law enforcement officer.

Los oficiales de los recursos escolares

Algunos departamentos de la policía asignan unos miembros de la policía a trabajar dentro de las escuelas públicas. Estos agentes de la policía se llaman oficiales de los recursos escolares Estos oficiales de recursos escolares son responsables de proporcionar buenos servicios de seguridad y de prevención de la delincuencia en el ambiente educativo. El oficial de recursos tiene tres responsabilidades: ser profesor, consejero y agente de la ley.

Public Information Officers

The police department's professional reputation and the public's support depend on good police-media relations. The police are accountable to the public and the media are the community watchdogs. When a crisis event occurs, the police must have a trained public information officer readily available to communicate with the media. The police need to monitor the messages that the media deliver to the public.

Los funcionarios de la información pública

La reputación profesional del departamento de policía y el respaldo del público depende de unas buenas relaciones de la policía y de los medios de comunicación. La policía es responsable ante el público y los medios de comunicación son los guardianes de la comunidad. Cuándo hay una crisis grave, la policía debe tener un oficial de relaciones públicas disponible que está entrenado a comunicarse fácilmente con los medios de comunicación. La policía necesita controlar y saber de los mensajes que los medios de comunicación entregan al público.

SWAT Officers

Some police departments may have a special weapons and tactics (SWAT) team. SWAT officers are specially trained to intervene in high-risk and dangerous situations. When patrol officers are overwhelmed and need emergency help, the SWAT team may be called to assist.

Los oficiales del cuerpo especial de intervención de la policía llamado equipo SWAT

Algunos departamentos de policía pueden tener unas armas especiales y tácticas de equipo que se llama (SWAT) un cuerpo especial de intervención de la policía. Los oficiales del equipo SWAT están especialmente capacitados para intervenir en situaciones de alto riesgo y en situaciones peligrosas. Cuándo los oficiales de patrulla están desbordados y necesitan ayuda de emergencia, se puede pedir la ayuda del equipo SWAT.

Bomb Squad Officer

A bomb squad officer is trained to find, approach, handle, and neutralize packages that may contain powerful explosives. A bomb squad officer will don a special bomb suit that will protect the officer from a blast. Tools used by bomb squad officers may include robots, mirrors, canines, x-ray devices, disrupter guns, laser scopes, bomb baskets, bomb cylinders, and special bomb trucks.

El oficial del escuadrón de bombas

Un oficial del escuadrón de bombas está entrenado para encontrar, abordar, manejar y neutralizar paquetes que pueden contener poderosos explosivos. Un oficial del escuadrón de bombas se pondrá un traje especial que protegerá al oficial de una explosión. Las herramientas utilizadas por los oficiales de los escuadrones de bombas pueden incluir robots, espejos, caninos, dispositivos de rayos X, pistolas disruptoras, sensores láser, canastas de bombas, cilindros de bombas y camiones especiales.

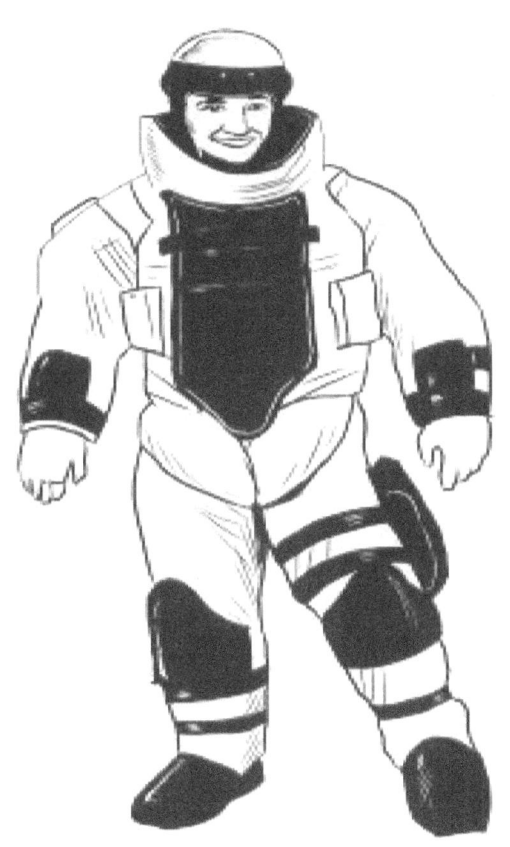

Defensive Tactics Instructor

In the U.S., there are rules for the type and amount of force that police officers can legally use against offenders to overcome resistance. A defensive tactics instructor is a certified officer who trains police officers in the proper use of force. In addition to their hands and feet, tools used by defensive tactics instructors include striking pads, handcuffs, batons, pepper spray, and training guns.

El Instructor de tácticas defensivas

En los EE. UU., Existen reglas para el tipo y la cantidad de fuerza que los agentes de policía pueden usar legalmente contra los delincuentes para vencer la resistencia. Un instructor de tácticas defensivas es un oficial certificado que entrena a los oficiales de policía en el uso apropiado de la fuerza. Además de sus manos y pies, las herramientas utilizadas por los instructores de tácticas defensivas incluyen almohadillas para golpear, esposas, porras, spray de pimienta y pistolas de entrenamiento.

Crash Investigations

Police officers investigate vehicle crashes. Police officers want to know why each crash happened. An officer will use a measuring wheel to measure distances and a protractor or compass to measure angles. It is not always possible to measure all the distances and angles due to the terrain. However, math can be used to calculate the missing variables. A drag sled can be used to measure road surface friction. With this information, the speed and direction of the vehicles can be calculated prior to the collision.

Las investigaciones de choques

Los agentes de policía investigan los accidentes de vehículos. Los agentes de policía quieren saber por qué sucedió cada accidente. Un oficial utilizará una rueda de medición para medir distancias y un transportador o brújula para medir ángulos. No es siempre posible medir todas las distancias y ángulos debido al terreno. Sin embargo, se puede utilizar las matemáticas para calcular las variables que faltan. Un trineo de arrastre puede ser usado para medir la fricción superficial en las carreteras. Con esta información, se puede calcular la velocidad y la dirección de los vehículos antes del choque.

Crash Reconstructionist

A crash reconstructionist is a police officer who has received specialized training to investigate serious vehicle crashes. The officer will use scientific processes to identify the causes of a crash by considering the vehicle design, vehicle damage, speed of operation, lamp filaments, yaw marks, the roadway, and the environment. Officers use mathematics and physics to determine fault and to assign blame.

El reconstruccionista de choques

El reconstruccionista de accidentes es un oficial de policía que ha recibido entrenamiento especializado para investigar graves accidentes de vehículos. El funcionario utilizará unos procesos científicos para identificar las causas de un accidente teniendo en cuenta el diseño del vehículo, el daño al vehículo, la velocidad del coche, los filamentos de la lámpara del auto, las marcas de desvío, la carretera y el medio ambiente. Los oficiales utilizan las matemáticas y la física para determinar las fallas y para asignar la culpa.

Report Writing

Police officers write many different types of reports. Some of the reports include affidavits, crash reports, public service reports, intelligence reports, and case reports. Criminal reports are based on the elements of the law. English and math are required to properly interpret the law. Improper grammar will impact the truth value or meaning of the law. Police officers must use English and math to effectively write reports.

Los informes escritos

Los policías escriben muchos tipos diferentes de informes. Algunos informes incluyen declaraciones juradas, informes de accidentes, informes de servicios públicos, informes de inteligencia, e informes de casos. Los informes criminales se basan en los elementos de la ley. Se requieren el inglés y las matemáticas para interpretar correctamente la ley. Una gramática impropia afecta el valor de verdad o el sentido de la ley. Los policías deben usar el inglés y las matemáticas para escribir con eficacia los informes.

Latent Fingerprints

All fingerprints are unique. Once a fingerprint is collected, it can be used to identify the person who left it behind. Latent fingerprints are fingerprints left at a crime scene that may not be immediately visible to the naked eye. Police officers use magnetic and nonmagnetic colored powders to find the invisible fingerprints. Other techniques to find invisible fingerprints include superglue fumes and chemical sprays.

Las huellas digitales latentes

Todas las huellas digitales son únicas.Una vez que se recogen unas huellas digitales, pueden ser usadas para identificar a la persona que las dejó. Las huellas digitales latentes son unas huellas digitales dejadas en una escena de delito que puede no ser inmediatamente visible al ojo desnudo. Los policías usan polvos coloreados magnéticos y no magnéticos para encontrar las huellas digitales invisibles. Otras técnicas para encontrar huellas digitales invisibles incluyen vapores de superpegamento y aerosoles químicos.

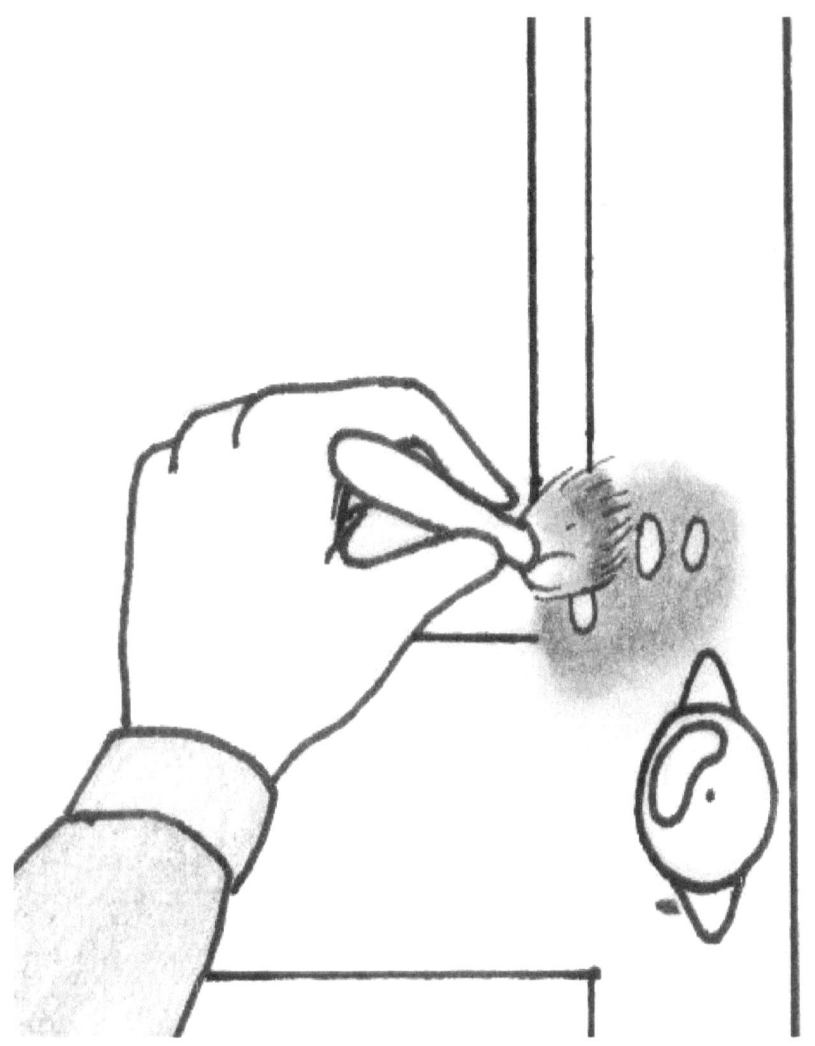

Rolling Fingerprints

Once an adult has been arrested by the police, a corrections officer will need to book the defendant into the jail. In order to properly identify the accused, a law enforcer will take the suspect's fingerprints. The officer will place each of the suspect's fingers into black ink and will then roll each finger onto a red fingerprint card. Some departments can perform this task electronically without ink. A blue fingerprint card is used for background checks and are not used for criminal purposes.

La toma de huellas digitales

Una vez que un adulto ha sido detenido por la policía, un oficial de correcciones tendrá que llevar al acusado en la cárcel. Con el fin de identificar correctamente a los acusados, un agente de la ley tomará las huellas dactilares del sospechoso. El oficial colocará cada uno de los dedos del sospechoso en la tinta negra y luego lo rodará en una tarjeta de huellas digitales de color roja. Algunos departamentos pueden realizar esta tarea en format electrónico sin tinta. Una tarjeta de huellas digitales azul se utiliza para la verificación de antecedentes no delictivos.

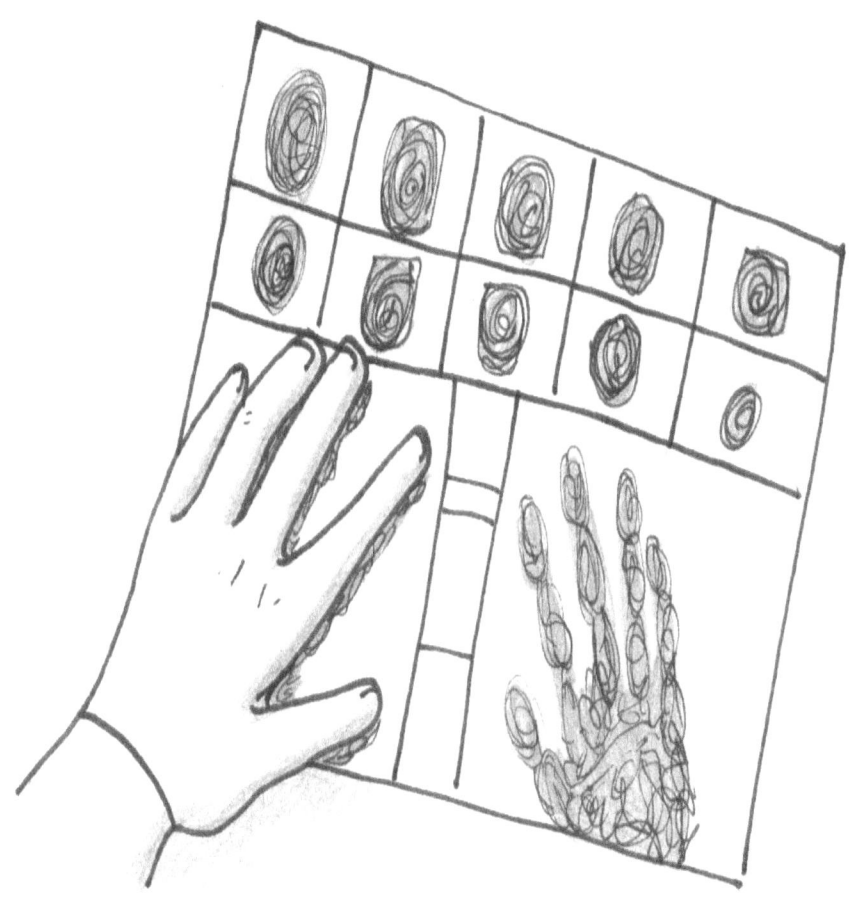

Interrogation

The police only need to be 51% confident that a crime occurred in order to make an arrest. Interrogation exists when a person is under arrest and is being questioned by police about the commission of a specific crime. When being interrogated, the person has a right to a lawyer and may stop answering questions at any time.

El interrogatorio

La policía solo necesita tener un 51% de confianza de que se cometió un delito para realizar un arresto. El interrogatorio existe cuando una persona está bajo arresto y la policía le está interrogando sobre la comisión de un delito específico. Al ser interrogado, la persona tiene derecho a un abogado y puede dejar de responder preguntas en cualquier momento.

DNA (deoxyribonucleic acid) Analysis

Police officers may need to collect DNA evidence at a crime scene. DNA is a person's genetic blueprint that can be used for identification purposes. A person's bodily fluids, such as blood, contain DNA evidence. Blood can be collected via cotton swabs and placed into a cardboard box. Blood should not be placed into a plastic bag because it will putrefy and become ruined. Properly collected blood evidence can then be sent to the crime lab for DNA analysis. To maintain the integrity of the evidence, the police will seal the box and will use a chain of custody form to indicate all persons who have handled the evidence.

El Análisis del ADN (ácido desoxirribonucleico)

Los agentes de policía pueden necesitar recoger pruebas de ADN en la escena del crimen. El ADN es el modelo genético de una persona que se puede utilizar para fines de identificación de fluidos corporales de una persona, tales como la sangre. La sangre puede ser recogida a través de hisopos de algodón y se coloca en una caja de cartón. La sangre no debe ser colocada en una bolsa de plástico, ya que se puede pudrir y no se podrá entonces, utilizarla. Las pruebas de sangre recogida correctamente, puede ser enviada al laboratorio del crimen para el análisis del ADN. Para mantener la integridad de las pruebas, la policía sellará la caja y utilizará un formulario de cadena de custodia para indicar todas las personas que han manipulado la evidencia.

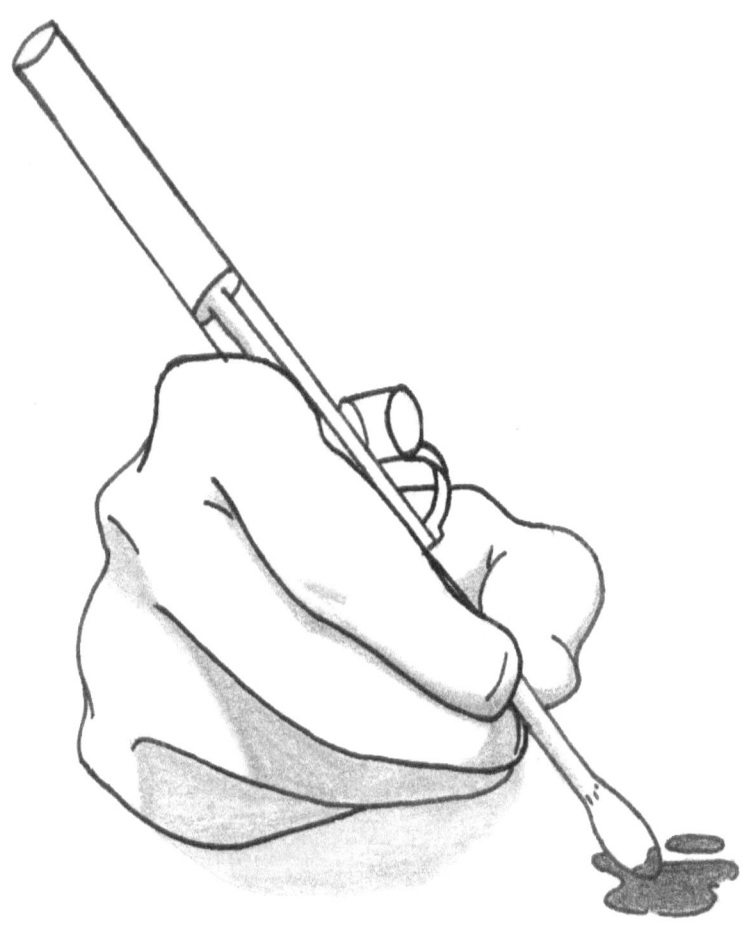

Search Crime Scenes

Police officers search areas for lost people and items. The police need to have a plan of action in order to cover the area most efficiently and effectively. Different search techniques should be used for different purposes and different locations. Sometimes the police need to find a person in an unknown direction. Other times the police need to find a small item in a known area.

La búsqueda en las escenas de crimen

Los agentes de policía buscan en unas zonas a las personas perdidas y buscan los elementos de búsqueda. La policía necesita tener un plan de acción con el fin de cubrir el área de modo más eficiente y eficaz. Diferentes técnicas de búsqueda deben ser utilizadas para diferentes propósitos y diferentes lugares. A veces, la policía tiene que encontrar a una persona en una dirección desconocida. Otras veces la policía necesita encontrar un objeto pequeño en un área conocida.

School Presentations

Knowledge is a valuable tool. Police officers attempt to educate students to promote safety and health. Police officers may show videos and pass out brochures. Police officers may also let students wear inebriation goggles so that they can experience the disorientation effects caused by alcohol and drugs. The intoxication goggles are safe, fun to use, and do not cause drunkenness.

Las presentaciones en las escuelas

El conocimiento es una herramienta valiosa. Los agentes de policía tratan de educar a los estudiantes para promover la seguridad y la salud. Los agentes de policía pueden mostrar vídeos y pasar de folletos. Los agentes de policía también pueden dejar que los estudiantes usen gafas de embriaguez para que puedan experimentar los efectos de desorientación causados por el alcohol y las drogas. Las gafas de intoxicación son divertidas y seguras de usar, y no causan embriaguez.

Public Services

Police officers promote traffic safety and perform public services. When a car on the road gets a flat tire, a police officer can change the tire for the driver. Because it is unsafe for an occupied car to be parked on the berm, changing the tire helps fix the car so that it can be moved out of harm's way.

Los servicios públicos

Los agentes de policía promueven la seguridad del tráfico y realizar los servicios públicos. Cuando un coche en el camino se pone un pinchazo, un oficial de policía puede cambiar el neumático para el conductor. Debido a que no es seguro para un coche ocupado estar aparcado en el arcén, cambiar el neumático ayuda a fijar el coche de modo que se pueda mover fuera de peligro.

Fire Control

Some police officers are public safety officers who are trained in fire suppression. Police officers will use fire extinguishers to control fires. Police officers must use the right kind of fire extinguisher for each specific type of fire. For example, a water type fire extinguisher is appropriate for wood fires but is extremely dangerous for cooking oil fires. A carbon dioxide fire extinguisher is effective for cooking oil fires, but it does not work well for wood fires. Smoke from fires can be extremely hot and poisonous.

El control del incendio

Algunos policías son oficiales de seguridad públicos que son entrenados en la supresión de incendios. Los policías usarán extintores para controlar los fuegos. Los policías deben usar el extintor correcto para cada tipo específico de fuego. Por ejemplo: un extintor de tipo especial se necesita para echar agua, es apropiado para fuegos de madera, pero es muy peligroso para fuegos de aceite de cocina. Un extintor de dióxido de carbono es eficaz para fuegos de aceite de cocina, pero no funciona bien para los fuegos de madera. El humo de fuegos puede estar muy caliente y tóxico.

First Aid & CPR

Sometimes people need immediate medical assistance when no doctors are readily available. Police officers are trained in first aid and cardiopulmonary resuscitation (CPR). The American Red Cross offers first aid training. The ABCs of first aid are Airway, Breathing, and Circulation. Police officer are trained to use Automated External Defibrillators, a portable device that checks the heart rhythm and sends an electric shock to the heart, when needed, in an attempt to restore a normal rhythm. First aid includes simple procedures such as dressing a wound, setting a bone with a splint, treating a burn with ointment, and stopping blood loss by applying pressure. The goal is to preserve life, to prevent further harm, and to promote recovery.

Primeros auxilios y Reanimación Cardiopulmonar

A veces la gente necesita la asistencia médica inmediata cuando ningunos doctores son disponibles en el acto. Los policías son entrenados en primeros auxilios y resucitación cardiopulmonar (Reanimación Cardiopulmonar). La Cruz Roja Americana ofrece la formación de primeros auxilios. Los ABECÉS de primeros auxilios son Vía aérea, Respiración, y Circulación. El policía es entrenado usar Desfibriladores Externos Automatizados, un dispositivo portátil que comprueba el ritmo de corazón y envía una sacudida eléctrica al corazón, cuando necesario, en una tentativa de restaurar un ritmo normal. Los primeros auxilios incluyen procedimientos simples como vestir una herida, poner un hueso con una tablilla, tratar una quemadura con el ungüento, y parar la pérdida de sangre aplicando la presión. El objetivo es conservar la vida, prevenir adelante el daño, y promover la recuperación.

Police Officers Are Compatriots

Police officers are part of the local community. They are compatriots who have a vested interest in developing and maintaining a peaceful society. They have families and friends like everyone else. Police officers are peacemakers who have sworn to serve the public.

Los policías son unos compatriotas

Los policías son la parte de la comunidad local. Ellos son compatriotas que tienen un interés concedido en desarrollar y mantener una sociedad pacífica. Ellos tienen familias y amigos como todos los demás. Los policías son pacificadores que han jurado servir el público.

Authors, autores

Wayne L. Davis, Ph.D.

Wayne L. Davis holds a Bachelor of Science in Electrical Engineering, a Master of Science in Business Administration, and a Ph.D. in Criminal Justice. Dr. Davis has graduated from city, state, and federal law enforcement academies and he has over 20 years of law enforcement experience with city, state, and federal law enforcement agencies. Dr. Davis was a field-training officer with the Indiana State Police and has received the U.S. Customs & Border Protection Commissioner's Award.

Wayne L. Davis tiene una Licenciatura en Ciencias en Ingeniería Eléctrica, una Maestría en Ciencias en Administración de Empresas y un PhD. en Justicia Penal. El Dr. Davis se graduó en las academias de cumplimiento de la ley de la ciudad, del estado y del gobierno federal y tiene más de 20 años de experiencia en el cumplimiento de la ley con agencias de cumplimiento de la ley de la ciudad, del estado y del gobierno federal. El Dr. Davis era un oficial de entrenamiento de campo con la Policía del Estado de Indiana y recibió el Premio del Comisionado de Aduanas y Protección Fronteriza de los Estados Unidos.

Mahdia Ben-Salem, Ph.D.

Mahdia Ben-Salem holds a D.E.U.G: Diplôme D' Etudes Générales, a LICENCE in Applied Language and Literature,a MAITRISE in Applied Language and Literature from Nice University, France. All diplomas are for the French, Italian, and Spanish languages. She also holds A FRENCH FOR BUSINESS DIPLOMA from the Paris, France, Chamber of Commerce, and a Ph.D. in in Modern Foreign Languages and Literature in French and Spanish, both through the University of TN at Knoxville TN. Dr. Ben-Salem has extensive experience foreign language programs creation, in teaching foreign languages and literature from kindergarten to college, as well as French or Spanish for Business and Healthcare professions.

Mahdia Ben-Salem tiene un D.E.U.G.,un .Diplôme D'études Universitaires Générales, una Licenciatura en Lenguas Aplicadas y Literaturas, de la Universidad de Niza, Francia. Todos los diplomas son para los idiomas francés, italiano y español. También tiene un Diploma Francés Para Los Negocios de la Cámara de Comercio de París, Francia, y un Doctorado de Filosofía, en Lenguas Extranjeras Modernas y Literatura en francés y español, ambas a través de la Universidad de Tennessee en Knoxville, TN, USA. La Dra. Ben-Salem tiene una amplia experiencia en la creación de programas de idiomas extranjeros, en la enseñanza de idiomas extranjeros y en literatura desde el jardín de infantes hasta la universidad, así como en francés o español para profesiones de negocios y profesiones sanitarias.

www.ingramcontent.com/pod-product-compliance
Lightning Source LLC
Chambersburg PA
CBHW021454210526
45463CB00002B/776